आवाज़

महिम तिवारी

XpressPublishing
An imprint of Notion Press

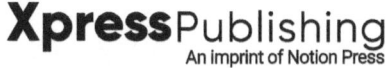

XpressPublishing
An imprint of Notion Press

Old No. 38, New No. 6
McNichols Road, Chetpet
Chennai - 600 031

Copyright © Mahim Tiwari
All Rights Reserved.

ISBN 978-1-64869-084-6

This book has been published with all efforts taken to make the material error-free after the consent of the author. However, the author and the publisher do not assume and hereby disclaim any liability to any party for any loss, damage, or disruption caused by errors or omissions, whether such errors or omissions result from negligence, accident, or any other cause.

While every effort has been made to avoid any mistake or omission, this publication is being sold on the condition and understanding that neither the author nor the publishers or printers would be liable in any manner to any person by reason of any mistake or omission in this publication or for any action taken or omitted to be taken or advice rendered or accepted on the basis of this work. For any defect in printing or binding the publishers will be liable only to replace the defective copy by another copy of this work then available.

❦❦❦

जिन पदचिह्नों पर चल करके,
मैंने यह कलम उठाई है,
पहला प्रणाम उस देवी को,
जो ज्ञान धरा पर लाई है।

है नमन मेरा उन चरणों में,
जिसने मुझको अस्तित्व दिया,
और अपना रक्त पिला करके,
जिसने मुझको व्यक्तित्व दिया।

क्रम-सूची

भूमिका — xi

1. सत्य — 1
2. महाभारत : एक धर्मयुद्ध — 3
3. आदर्श — 8
4. अवतरण — 10
5. हम सबके राम — 12
6. माँ — 14
7. धड़कन — 16
8. बग़ावत — 18
9. कवि — 19
10. आवाज़ — 20
11. दर्पण — 22
12. बाहर आओ — 24
13. मृत्यु — 26
14. अमरता — 27
15. वफ़ा — 30
16. ख़ता — 31
17. प्रेम - संदेश — 32
18. व्यापार — 33
19. सफ़लता — 34
20. सपने — 36
21. होली — 37

क्रम-सूची

22. गीत	38
23. समझदार	39
24. विवश	40
25. तुम	42
26. ग़म	43
27. मालिक	44
28. ख़ामोशी	45
29. मुक्ति	46
30. संपर्क	47
31. बेहतर	48
32. याद	49
33. हँसना	50
34. ख़िलाफ़त	51
35. रंग	52
36. कीमत	53
37. अभी	54
38. इम्तिहान	55
39. मुश्किल	56
40. ख़ैरियत	57
41. दीप	58
42. माँग	59
43. रावण	60

क्रम-सूची

44. अच्छी बात नहीं	61
45. हौले-हौले	62
46. फ़लक	63
47. काश!	64
48. तेज़	65
49. ख़त	66
50. आँगन	67
51. धोखेबाज़	68
52. नयन	70
53. आरंभ	71
54. अधिकार	72
55. असर	73
56. खौफ़	74
57. हिंदुस्तान	75
58. मुक्तक - १	76
59. मुक्तक -२ (प्रेम)	82
60. उठना होगा	94
61. प्रणाम	96
62. कहीं खो सी गयी है।	97
63. बनारस	99
64. शठे शाठ्यम समाचरेत्	100
65. मेरा नाम	101

क्रम-सूची

66. शिव! — 102
67. धन्यवाद — 105

धन्यवाद!

❦❦❦

है धन्यवाद उन आँखों का
जिसने लिखने को विवश किया,
देकर प्रकाश निज अंतस का,
भर प्रेम हृदय में दिवस किया।

जिसने शब्दों को अर्थ दिए,
अर्थों में जिसने भाव भरे,
उन भावों में जिसने अपने,
जीवन के सब श्रृंगार भरे।

❦❦❦

भूमिका

यह पुस्तक उन सबके लिए है जो जीवन में भक्ति और प्रेम को समकक्ष स्थान देते हैं। भक्ति में प्रेमी हो जाना तथा प्रेम में भक्त हो जाना ही भावना की उच्चतम अवस्था है। समर्पण, त्याग और श्रद्धा, ये तीनों जीवन के आधार स्तम्भ हैं। भारतीय संस्कृति सदैव से बुद्धि पर भावनाओं के अंकुश को बल देती रही है। विद्या तथा अविद्या दोनों को जानना आवश्यक है, सम्भूति तथा विनाश दोनों को ही समझ लेना उचित है क्योकि किसी एक को ही जानने पर कल्याण संभव नहीं हैं। भावनाएं मनुष्य को अन्य प्रजातियों से भिन्न बनाती हैं। भावों का होना तथा उनका अभिव्यक्त हो पाना दोनों अलग अलग बातें हैं। किसी भी भाव की प्रांजल अभिव्यक्ति सिर्फ काव्य से ही संभव है और मनुष्य में काव्य - संस्कार का होना स्वयं में सौभाग्य है। राष्ट्र-कवि रामधारी सिंह दिनकर कहते हैं,

बड़ी वह रूह जो रोये बिना तन से निकलती है,
बड़ा वह ज्ञान जिसको व्यर्थ की चिंता न आती है,
बड़ा वह आदमी जो ज़िन्दगी भर काम करता है,
बड़ी कविता वही जो विश्व को सुन्दर बनाती है।

इस पुस्तक में मैंने आप सभी की भावनाओं को शब्द देने का प्रयास किया है। इस पूरी पुस्तक में आपको विभिन्न रसों का आस्वादन करने का अवसर मिलेगा। जिस प्रकार विभिन्न प्रकार के गुणों, रंगों और सुगंधों से युक्त फूलों का गुलदस्ता अकेले फूल से सुन्दर और मनहर होता है उसी प्रकार यह पुस्तक किसी भी रस विशेष पर केन्द्रित न होकर आपको सभी प्रकार के रसों से आनंदित करेगी।

1. सत्य

जन्म नहीं है अपने वश में,
ना ही मृत्यु साध सकते हैं,
आदि अंत दोनों निर्धारित,
इनसे कहाँ भाग सकते हैं।

ये दोनों शाश्वत घटनाएँ,
यही सत्य और यही नित्य हैं,
रिश्ते, बंधन, मान, संपदा,
सब नश्वर हैं सभी क्षणिक हैं।

रिश्तों के बंधन में बंधता,
बंधकर कष्ट उठाता है,
अतिक्षुद्र स्वप्नों की खातिर,
जीवन व्यर्थ लुटाता है।

यह मेरा है, यह तेरा है,
यह है श्रेष्ठ यही अम्बुज है,
नश्वर के हित जीवन अर्पित,
कर देता जो वही मनुज है।

कुछ करते हैं पुष्प समर्पित,

आवाज़

कुछ स्वयं पुष्प बन जाते हैं,
भीड़ भरी राहों को तजकर,
नूतन पदचिन्ह बनाते हैं।

उनका जीवन मुक्त दुखों से,
परम प्रीत बन जाता है,
प्रभु चरणों में अर्पित होकर,
साम-गीत बन जाता है।

कर्म और पुरुषार्थ मार्ग पर,
जो प्रेम युक्त हो जाते हैं,
जन्म-मृत्यु के बंधन से,
वे स्वतः मुक्त हो जाते हैं।

हो जाते हैं प्राप्त स्वयं ही,
अतिचैतन्य अवस्था को,
मिट जाते त्रय ताप और वे,
होते प्राप्त अमरता को।

2. महाभारत : एक धर्मयुद्ध

छिड़ गया युद्ध, बज गए शंख,
अंबर का अंतर डोल गया,
धरती के इतिहास सृजन खातिर
जब काल निमंत्रण बोल गया।

जब शांति नहीं हो सकी प्रभावी,
जो कृष्ण सभी थे हार गए,
जब अहंकार ललकार उठा,
जब धर्मराज भी हार गए।

दुर्योधन भी जब बोल उठा,
भिक्षा में राज्य नहीं मिलते,
गांडीव उठा लो अर्जुन तुम,
रण बिन साम्राज्य नहीं मिलते।

जब भरतवंश की राज्यसभा में,
एक स्त्री का सम्मान लुटा,
तब महाकाल के डमरु से,
भय का प्रलयंकर गान उठा।

आवाज़

जब मर्यादा निर्वस्त्र खड़ी,
दुर्योधन जंघा ठोक रहा,
जब सभी भीष्म निरुपाय खड़े,
ना उसको कोई रोक रहा।

उस अबला के पति महाबली,
जब अपना शीश झुकाते हैं,
तब उसकी आन बचा करके,
प्रभु भाई धर्म निभाते हैं।

वह अपमानित लाचारी ले,
जब अर्जुन रण में आते हैं,
बाणों की चमक देख कर के,
सुर नर मुनि सब घबराते हैं।

आंखों में अग्नि धधक रही,
था रग में लावा दौड़ रहा,
तेजपुंज के रथ का पौरूष,
दिनकर रथ को भी पीछे छोड़ रहा।

जिसके बाणो के सम्मुख,
स्वयं महाकाल भी झुक जाए,
जिसके गर्जन में इतना बल है,
कि आती मृत्यु भी रुक जाए।

कैसे अंधकार उसको घेरे,

महिम तिवारी

जब परमेश्वर पथ दिखा रहे,
अर्जुन का रथ कैसे भटके,
जब स्वयं कृष्ण रथ चला रहे।

समर भूमि के मध्य में आकर,
जब अर्जुन ने दृष्टि घुमाई थी,
जब बंधु की अपने मृत्यु दिखी,
उसकी बुद्धि चकराई थी।

जो शीश गिरेगा धरती पर,
क्या शीश पराया वो होगा,
जब लहू बंधु का बह निकले,
क्या वंश सफाया ना होगा।

जिन भीष्म पितामह की बांहों में,
खेला था बचपन उसका,
जिसकी करुणामयी छाया में,
था गुजर गया जीवन उसका।

जिन गुरु द्रोण के चरणों में,
वह धनुष उठाना सीखा था,
जिसने सिखलाया रणकौशल,
वह व्यक्ति जो देव सरीखा था।

कैसे गांडीव उठा लूं मैं,
कैसे यह बाण चला दूं मैं,
जो पिता तुल्य हैं पूज्य मेरे,

आवाज़

क्या उनके शीश गिरा दूं मैं।

ऐसे ही सारे प्रश्नों नें,
जब अर्जुन को था घेर लिया,
गांडीव छोड़कर महावीर ने,
रण से अपना मुंह फेर लिया।

ऐसा सुनकर जब उठे कृष्ण,
था कुरुक्षेत्र में रुका काल,
अपनी समाधि की चिरनिद्रा से,
तब जाग उठे थे महाकाल।

जब अर्जुन को मोह ग्रसित देखा,
तब योगेश्वर मुस्कुरा उठे,
अवतरित हुई गीता धरती पर,
सब ज्ञान विहग चहचहा उठे।

थे भागीरथ बन गए पार्थ,
गंगा सी निर्मल धारा के,
अर्जुन थे उस दिन आवाहक,
स्वयं ब्रह्म की बाला के।

उदित हो गया सूर्य तिमिर में,
प्रश्नों के पर्वत चूर हुए,
तब उठा लिया गांडीव वीर ने,
जो शंशय थे दूर हुए।

महिम तिवारी

परेशान तो सदा हुआ है,
धर्म, ज्ञान के खोने से,
किंतु पराजित नहीं हुआ है,
कभी तिमिर के होने से।

3. आदर्श

अंधकार में बढ़ा कदम था,
शंशय में जीवन हरदम था,
नहीं पता था किधर जा रहे,
देखा जिधर उधर ही तम था।

कुछ तो ढूढ़ रही थीं आँखें,
कुछ तो था जो नहीं मिला था,
कुछ तो था जिसकी आशा में,
हमने खुद को नहीं सिला था।

खुद ही खुद में भटक रहा था,
आँसू को बस गटक रहा था,
खुद को भी मैं भूल चुका था,
कुछ तो था जो ढूँढ रहा था।

यूँ तो अंधकार में था मैं,
लेकिन उसने देख लिया था,
आकर हाथ थाम कर मेरा,
शंशय को संक्षेप किया था।

जीवन में संगीत भर दिया,

तम को मेरे दीप्त कर दिया,
कण कण ख़ुशबू सा महका कर,
दिल में मेरे प्रीत भर दिया।

मुझ भटके को राह दिखाया,
संभल संभल चलना सिखलाया,
जब भी मैंने खाई ठोकर,
उसने प्रेम दीप दिखलाया।

दीप्ति नाम को फलित किया है,
पथ को मेरे ज्वलित किया है,
जब भी धुंध हुई आँखों में,
प्रेम दीप प्रज्ज्वलित किया है।

यूँ ही रहना साथ हमारे,
यूँ ही देना हरदम साथ,
रंग भरो यूँ ही जीवन में,
यूँ ही रहें हाथ मे हाथ।

4. अवतरण

थी धरा त्रस्त, था स्वर्ग अस्त,
उस महापाप के तापों से,
थे त्राहिमाम कर रहे इंद्र,
दश-आनन के संतापों से।

सुर, असुर, देव, किन्नर,
गंधर्व, मुनि, यक्ष, ऋषिगण और मनुष्य,
मन-प्राण सभी के शंकित थे,
जब महाकाल आतंकित थे।

जब मर्यादा का क्षरण हुआ,
असुरत्व युक्त आचरण हुआ,
सत्ता अधर्म की व्याप्त हुई,
जब पापी वातावरण हुआ।

शक्ति प्राप्त कर निर्ममता से,
दीप्त मृत्यु का भाल हुआ,
वो महादेव का एवमस्तु,
मानवता का तब काल हुआ।

क्षीर-सिंधु के स्वामी का भी,

महिम तिवारी

धीरज उस दिन डोल गया,
जब अनाचार अन्याय,
पाप की, सारी सीमाएं तोड़ गया।

जब त्राहिमाम कर उठे सभी,
प्रभु का धरती पर अवतरण हुआ,
और मृत्यु सुनिश्चित हुई पाप की,
जब जगदम्बा का हरण हुआ।

नव-जन्म भले नव युग ही हो,
पर प्रथम कष्ट ही होता है,
ये अनाचार कितना भी हो,
अंततः नष्ट ही होता है।

इतिहास साक्षी है इसका,
जब-जब ये मानव पतित हुआ,
अन्याय नष्ट करने ख़ातिर,
नभ धरती पर अवतरित हुआ।

5. हम सबके राम

कौशल्या के नयन दुलारे,
प्रेम-सिन्धु आँखों के तारे,
वात्सल्य से भरे हुए जो,
जननी को थे प्यारे राम।
वे तो हैं हम सबके // *राम* //

पितृ-भक्ति के वे उदारण,
मानवता के पवित्र आचरण,
त्याग शब्द के मूर्त रूप जो,
स्वाभिमान दशरथ के राम।
वे तो हैं हम सबके // *राम* //

जनता हित में सब विध अर्पित,
पुत्र-तुल्य साम्राज्य समर्पित,
इक धोबी के व्यंग्य बाण में,
फिर भी सदा हैं बिंधते राम।
ऐसे हैं हम सबके // *राम* //

दस-आनन के अहंकार को,
त्रेतायुग के अंधकार को,
ज्ञान शरों से मोक्ष प्रदाता,

महिम तिवारी

रावण के भी अपने राम।
वे तो हैं हम सबके // राम //

चख-चख उसने बेर बचाए,
जूठे बेर प्रेम से खाए,
केवल प्रेम के भूखे हैं जो,
भक्त-प्रिय शबरी के राम।
वे तो हैं हम सबके // राम //

6. माँ

कि मैं कितने ही रूपों में,
तुझे ओ देखता हूँ माँ,
मैं आंखे बन्द भी कर लूँ,
तुझे ही सोचता हूँ माँ,
कभी तू प्रेम से भरकर,
ये मस्तक चूम लेती है,
अगर मुझको सुखी देखे,
खुशी में झूम लेती है,
तू रस्ता है न मंजिल है,
तू खुशियों का खज़ाना है,
तू दरिया है न साहिल है,
तू परियों का फ़साना है।
कभी तू पुष्प जैसी है,
कभी हथियार जैसी है,
तू इक नन्हें से बच्चे के,
बड़े संसार जैसी है।

तू ही तो माँ अमीरी है,
तू ही दिल की फकीरी है,
तेरा गर नाम ही ले लूँ,
कहाँ खुशियों से दूरी है,

महिम तिवारी

तू तो ज़न्नत की धरती है,
तू ही तो माँ कहानी है,
तुझी से लोरियां सारी,
तेरी बातें सुहानी हैं,
जो उस ईश्वर ने सौंपा है,
ऐसे उपहार जैसी है,
तू इक नन्हें से बच्चे के,
बड़े संसार जैसी है।

7. धड़कन

जिस दिन ये मेरे कदम उठे,
हर्षित होकर मुस्काई थी माँ,
जब कंठ खुले,
मैं माँ बोला,
अक्षरशः सब दोहराई थी माँ।

मेरी इन नन्हीं आँखों में,
जो बड़े - बड़े सपने डाले,
मुझको दे करके सारे सुख,
उसने मन ही मन आँसू पाले।

जिसकी असीम अनुकम्पा से,
मुझको अक्षर का ज्ञान हुआ,
उसको कविता में बाँध आज,
मुझको मिथ्या अभिमान हुआ।

बस गोली एक लगी सीने में,
कह करके माँ!
मैं चीख पड़ा,
सारा बचपन,
सारी यादें,

महिम तिवारी

माँ का आँचल बस दीख पड़ा।

माँ दूर बहुत थी,
पर धड़कन से ही,
सारी बातें पहचान गयी,
सीमा पर मेरी जान गयी
और माँ के जीवन से मुस्कान गयी।

उस माँ ने बेटा खोया था
पर बेटे ने फ़र्ज़ निभाया था,
इक माँ को उसने व्यथित किया
पर दूजे का मान बढाया था।

गर्व रहेगा भारत माँ को
कि सीने पर गोली खाई थी,
थी मृत्यु खड़ी सन्मुख तो क्या,
कब उसने पीठ दिखाई थी।

8. बग़ावत

सोच रहा था आज रचूँगा,
अपनी कविता दीपक पर,
बहुत हो चुका, नहीं लिखूँगा,
अबकी बार मोहब्बत पर।

कलम उठाया लिखने को जब,
कलम बगावत कर बैठी,
एक शब्द भी नहीं लिखूँगी,
ऐसी ज़िद पर अड़ बैठी।

बोली क्या रिश्ता है तेरा,
दीपक और दीवाली से,
तूने अपना सब कुछ पाया,
इसी प्रेम की डाली से।

बड़ी बड़ी बातें लिखनी थी,
दीपपर्व की आहट पर,
बागी कलम हो गई मेरी,
हार गया यूँ चाहत पर।

9. कवि

कवि ने तुमको सौंदर्य दिया,
सौंदर्य-बोध का ज्ञान दिया,
कोई और नहीं वह कवि ही था,
जिसने अनुपम श्रृंगार दिया।

वह ईश्वर भी होगा कवि ही,
जिसने जीवन को मान दिया,
धरती पर बिखरी परम शांति को,
जिसने उत्तम गान दिया।

जिसने वेदों का ज्ञान दिया,
जिसने शास्त्रादि पुराण दिया,
जीवन को सरल बनाने को,
भगवद गीता विज्ञान दिया।

जिसने फूलों को रंगत दी,
भंवरो को जिसने गीत दिया,
मानव जीवन में रस मिश्रित,
जिसने सुंदर संगीत दिया।

10. आवाज़

वो मुझे कभी कुछ कहने नहीं देती,
वो मुझे कभी दर्द सहने नहीं देती,
उसे पता है,
कि मैं उसका नहीं हो सकता लेकिन,
वो आंसू रोक लेती है,
उन्हें बहने नहीं देती।

कुछ कहता हूँ तो वो मुस्कुरा देती है,
हंसती है और जुल्फें उड़ा देती है,
उन्हीं जुल्फों की छावं में
मुझे सुकून आता है,
वो माथा चूमती है
और मुझको सुला देती है।

मेरा दिल चाहता है क्या
वो सब कुछ जान जाती है,
बिना बोले मेरी बातें
वो सारी मान जाती है
मुझे देखा नहीं है आज तक
उसकी निगाहों ने,
मगर फिर भी वो महफ़िल में मुझे पहचान जाती है।

महिम तिवारी

सोचता हूँ कभी पास बुलाऊं उसको,
प्यार मैं भी करता हूँ
ये बताऊँ उसको,
बुला तो लूँ
पर आवाज़ करने से डरता हूँ,
गर नींद खुल गयी
तो कहीं भूल न जाऊं उसको।

11. दर्पण

जब था देखा तुम्हें
दृश्य दर्पण हुए,
आँखों - आँखों में ऐसे समर्पण हुए,
प्रेम था व्याकरण
उस सहज भाव का,
भाव जिसमें कि ये प्राण अर्पण हुए।

तुम मिलोगे मुझे
दिन संवर जायेंगे,
तुम संभालोगे हमको
सुधर जायेंगे,
यूँ तो बहते रहे
अनवरत आज तक,
हम तुम्हारे भरोसे ठहर जायेंगे।

जब नदी सूखकर एक बंजर हुई,
हम भी कविता कहानी सुनाने लगे,
प्रेम ने जब दिया
ज़िन्दगी का सबक,
हम भी बातें सुहानी बनाने लगे।

महिम तिवारी

एक बच्चे सा तुमको संभाला सदा,
जीत सौंपी तुम्हें
मैं तो हारा सदा,
प्यार के आचरण सारे धुंधले हुए,
दिल ने तुझको ही अपना पुकारा सदा।

12. बाहर आओ

भव्य भारत के नेताओं,
नेताओं के चाटुकारों,
सोशल मीडिया के योद्धाओं,
बाहर आओ,

बाहर आओ,
कि फिरसे एक मासूम बहन का घायल बदन चीख रहा है।
बाहर आओ,
कि फिर एक बार मानव जाति ने हैवानियत की ओर
तरक़्क़ी की है।
बाहर आओ,
कि हाथ में बंधी राखी पर पेट्रोल डाला गया है।
बाहर आओ,
कि एक बहन ने तुम्हारे मर्द होने पर लानत भेजी है।
बाहर आओ,
कि अब इस धुएं में दम घुटने लगा है।
बाहर आओ,
क्योकि अब भी नहीं आये तो आँखों के आँसू भी सूख
जाएंगे।

न जाने कितनी दामिनी,

महिम तिवारी

न जाने कितनी निर्भया,
न जाने कितनी प्रियंकाओं
के बाद हमारा खून खौलेगा,

बाहर आओ,
कि फिर तुम्हारा काम आया है

बाहर आओ,
चीखो
चिल्लाओ
शोर मचाओ
शोर मचाओ
कि "बहुत हुआ महिलाओं पर अत्याचार,
अबकी बार हमारी सरकार।"

और फिर से दुबक जाओ,
अपनी आवाज़ को संभाल लो,
संभाल लो,
कि फिर किसी घटना पर चीखने के काम आएगी।

13. मृत्यु

मृत्यु अंतिम है नहीं
ये तो नयी शुरुआत है,
पथ छोड़ राही बढ़ गया
इसमें नयी क्या बात है।

बात तो इसकी करो
कि राह को कैसे चला वो,
इस तरह हमसे विदा ले
मृत्यु पावन कर चला वो।

14. अमरता

"

युगपुरुष पंडित अटल बिहारी वाजपेयी जी को भावपूर्ण श्रद्धांजलि"

अटल जी अटल थे,
ये मृत्यु भी अटल थी,
न वे टल रहे थे,
न मृत्यु टल रही थी।

ये दुनिया थी उनकी,
ये घर-बार उनका,
ये जनता उन्हीं की,
ये संसार उनका।

दुआओं से घिर के,
हुए यम अकेले,
न साहस बचा था,
कि वे प्राण ले लें।

आवाज़

विधाता से बोले,
प्रभू अब करें क्या?
इतनी महान हस्ती,
को छोड़ें यहीं क्या?

बोले विधाता,
कि छोड़ो ढिलाई,
बनो स्वार्थी
और कर दो चढ़ाई।

ले आओ चमकते,
सितारे को नभ में,
हैं इंतजार करते,
भरो हर्ष सब में।

मिली जब इज़ाजत,
वे चले आये नीचे,
अकेले में पाकर,
थे पुण्य प्राण खींचे।

चला धूमकेतु,
दिया न दिखाई,
सितारे ने ले ली,
धरा से विदाई।

विधि ने जो चाहा,
हुआ वही भर है,

महिम तिवारी

हुई मृत्यु तो क्या,
अटल जी अमर हैं।
अटल जी अमर हैं।

15. वफ़ा

वफ़ाओं के सभी किस्से,
मुझे बतला रहा है वो,
मेरे ज़ख्मों को देखा है,
उन्हें सहला रहा है वो।

मोहब्बत का सनम भी है,
सचाई की कसम भी है,
मग़र कुछ तो छिपाया है,
बहुत हकला रहा है वो।

मोहब्बत की बड़ी कसमें,
सभी झुठला रहा था वो,
यूँ वादे तोड़ करके भी,
बहुत इठला रहा था वो।

हमें तो इश्क़ में कुछ और
था दिखता नहीं लेकिन,
नहीं मालूम था अब तक
कि दिल बहला रहा था वो।

16. ख़ता

यूँ उलझनों से घिरकर,
अब तुमसे प्यार करना,
आसाँ नहीं है दिन में,
सितारे शुमार करना।

माना कि ये खता है,
पर इसे बार-बार करना,
उनकी सजा के महफ़िल,
खुद को तार तार करना।

मुश्किल बहुत हैं राहें,
मंजिल नहीं मिलेगी,
वो अंधकार बनते हैं,
तुम आफ़ताब बनना।

17. प्रेम - संदेश

तुम्हें भी किसी से प्रेम न हो,
लगे न तुमको ऐसा रोग,
न तुम भी जागो सारी रात,
न मन ही मन होवे सब बात।

ये प्रीत तो मन का है एक गीत,
भरे जीवन में ये संगीत,
त्याग है प्रेम का इक उपदेश,
मिलन ही नहीं प्रेम संदेश।

18. व्यापार

चाँद सितारे मिल जाते हैं,
ज़ख्म भी सारे सिल जाते हैं,
जाने कैसे लोग हैं जिनको,
ईश्वर तक भी मिल जाते हैं।

मैं तो प्यार ढूँढ़ कर हारा,
इश्क़ नहीं व्यापार है सारा,
जीवन तक भी लुटा दिया पर,
आँखों में आँसू की धारा।

शायद है जीवन की रीत यही,
तुम प्यार करो पर प्रीत नहीं,
अब यार बहुत से मिल जाते हैं,
मिलता कोई मनमीत नहीं।

सब कुछ प्यार नहीं करता है,
कुछ फ़ूल बीज बिन खिल जाते हैं,
हमको जुगनू भी ना हुआ मयस्सर,
वे सूरज से भी बतियाते हैं।

19. सफ़लता

जीत नहीं सकते हो,
फिर भी कोशिश तो करो,
बाहर के नहीं
भीतर के अंधेरे से डरो।

बुझ जाना ही तय है,
इन आंधियों में अगर,
मुख़्तसर ही सही,
खुद को जला कर मरो।

बीवी से इश्क,
बच्चों से प्यार,
खुद से मोहब्बत,
करोगे ही सही।
मुकम्मल जिंदगी के ख्वाब,
पलते हो जिगर में गर,
तो थोड़ा इश्क,
थोड़ा प्यार,
अबकी माँ बाप से करो।

दिए, पटाखे,फुलझड़ियां,
बहुत हो गया यार,

महिम तिवारी

खुद के भीतर झांको,
पूछो क्या दूर हो गया अंधकार?
क्या बचा नहीं है अहंकार?
दीवाली का जो मकसद था,
क्या सफल हुआ है वो इस बार?

20. सपने

ले लो स्वर्ग छीन कर मुझसे,
सौंपो सारे नर्क मुझे तुम,
जाओ जाकर देखो सपने,
दे दो सारे दर्द मुझे तुम।

ऐसा भी क्या चाह लिया था,
कि कुछ ना छोड़ा मेरे पास,
खुदा रूठ जाएगा मुझसे,
कभी नहीं थी इसकी आस।

तेरे रंग भरे सपनों में,
खुशियों के हिंडोले आएँ,
दुःख से भरे स्वप्न वो तेरे,
सब मुझको दे जाएँ।

21. होली

हरियाली निकले मस्जिद से,
बागों खेतों में लहराए,
केसरिया मंदिर से निकले
और क्षितिज में भर जाए।

रंग भरें हम चलो वनों में,
रंग भरें सूने नयनों में,
आओ रंग भरें इस होली,
उजड़ चुके बिखरे सपनों में।

22. गीत

हर टूटन में कविता लिखना,
हर तड़पन में ग़ज़ल सुनाना,
 मुझसे पूछो कैसे सीखा,
यूँ हर ग़म में भी मुस्काना।

 कैसे तेरी आँखों से मैं,
 सारी प्रीत चुरा लेता हूँ,
 इतनी सारी तकलीफ़ों में,
 कैसे गीत सुना लेता हूँ।

23. समझदार

दिल अंदर अंदर रोता है,
मैं ऊपर ऊपर हँसता हूँ,
दिल बार बार समझाता है,
मैं फिर भी फँसता जाता हूँ।

मैं कह दूँ तुझे या सह जाऊं,
मैं ना तैरुं तो बह जाऊं,
हैं बातें बहुत बताने को,
तुम समझदार हो क्या समझाऊं।

24. विवश

वो रात-रात भर बातें थीं,
वो जागी-सोई रातें थीं,
इक नई कहानी रच डाली,
हर बात सुहानी कर डाली।

वो दो पल का ही मिलना था,
और उसके बाद बिछड़ना था,
क्या याद तुम्हें है प्रथम दिवस,
नयनों ने किया था हमें विवश।

वो तेरे साथ गुजारे दिन,
जो रातें कटीं तुम्हारे बिन,
वो बात बात पर लड़ जाना,
फिर बिना बात ना रह पाना।

वो पल में तुझे मना लेना,
वो दिल की बात सुना लेना।
अब मौसम गया दीवानों का,
हँसते-गाते परवानों का।

अब इश्क नहीं हसरत होगी,

महिम तिवारी

फिर कभी नहीं उल्फत होगी,
जब-जब भी याद करोगे तुम,
तुमको खुद से नफ़रत होगी।

इस दुनिया में खो जाओगे,
जब जब दूर यहाँ से जाओगे,
वैसे तो भीड़ बहुत होगी,
तुम फिर भी तन्हा रह जाओगे।

अब ये दिन लौट न आयेंगे,
ये हमको बहुत सतायेंगे,
जब-जब भी तुम तन्हा होगे,
तुमको बेख़ौफ़ रुलायेंगे।

25. तुम

जब तुम नहीं थे,
जब तुम नहीं थे,
तो भी मुझे फूलों में रंग दिखते थे,
तितलियों के पंखों से सुनाई देता था संगीत,
लहराते हुए खेतों की मुस्कान दिखाई देती थी,
झूमते पेड़ों के गान सुनाई देते थे,
हँसता मैं तब भी अनवरत ही था,
हँसता था, रोता था, गाता भी था,
और अपने गीतों को उसे सुनाता भी था।

वाचाल था मैं,
पर वक़्त ने ख़ामोश कर दिया,
जिम्मेदारियों के नाम पर आई,
मज़बूरियों ने मुझे बेहोश कर दिया,
तुझे पाने की खुशी से ज्यादा,
तुझे खोने का डर सताता है,
तेरा होना तो बस एक आईना है,
जो मुझे मेरी औकात बताता है।

26. ग़म

दिल के जिस कोने में तस्वीर थी तेरी,
उसी कोने में एक मंदिर बना लिया मैंने,
तुझसे बिछड़ कर,
तकलीफ तो बहुत हुई लेकिन,
तेरे ग़म से
खुद को शायर बना लिया मैंने।

तुम कल नहीं थे,
आज हो,
फिर कल नहीं होगे,
तेरे एहसास को ही जीवन बना लिया मैंने,
नहीं पता था,
यूँ तुझसे कभी दूर भी होंगे,
मगर बिछड़ के भी जीकर दिखा दिया मैंने।

27. मालिक

सारी निशा को जगमग करके,
नखत दिवस में छिप जाते हैं,
दिन भर गर्मी में तप करके
सूर्य रात में सो जाता है।

जो है शीतल और सुकोमल,
चंदा की निशा सहारा है,
हम ही हैं इस नभ के मालिक,
ये सारा आकाश हमारा है।

28. ख़ामोशी

अपने होते गर तुम तो,
न हमको कुछ कहना पड़ता,
ग़म-ए-जुदाई हमको यूँ,
चुप - चुप न सहना पड़ता।

मेरे कहने से पहले ही,
ख़ामोशी तुम पढ़ लेते,
आते मेरा हाथ थामते,
तन्हा न रहना पड़ता।

29. मुक्ति

चार किताबें पढ़ कर के,
तुम खुद को मनुज बताओगे,
इस परा ज्ञान से बन अग्रज,
तुम सब को अनुज बताओगे।

यदि मनसा वाचा कर्मणा,
एकात्म भाव न सध पाया,
ज्ञान व्यर्थ तो होगा ही,
और बंध मुक्ति न पाओगे।

30. संपर्क

"
चंद्रयान - २ से संपर्क टूट जाने पर"

हम भारत हैं,
नहीं झुके हैं,
स्वयं काल के आगे भी,
साक्षी है इतिहास अड़े हम,
महाकाल के आगे भी।

संपर्क टूटने से केवल,
संकल्प नहीं टूटा करते,
मामा के घर आना - जाना,
लगा रहेगा आगे भी।

31. बेहतर

टूट कर शीशा
बिखर जाये तो बेहतर हो,
बाँह में आकर हमारे वो,
बिछड़ जाये तो बेहतर हो,

वो इश्क हो
या दोस्ती हो
या जिंदगानी हो,
मोड़ पर आकर
भरोसे के,
ठहर जाये तो बेहतर हो।

32. याद

कोई ख़ुशबू कहीं बिखरे,
तुम्हारी याद आती है,
खुली ज़ुल्फ़ें कहीं लहरें,
तुम्हारी याद आती है।

ग़मों में याद आये
या न आये पर,
मैं जब भी मुस्कुराता हूँ,
तुम्हारी याद आती है।

33. हँसना

मोहब्बत भी तुझी से है,
शिकायत भी तुझी से है,
ख़िलाफ़त भी तेरी ही की,
इनायत भी तुझी से है।

भरम मैंने पाले बहुत,
मैं तुम बिन मुस्कुराऊँगा,
मगर ग़म भी तुम्हारे हैं,
ये हँसना भी तुझी से है।

34. ख़िलाफ़त

नफरतें हो प्यार होगा,
जो भी हो स्वीकार होगा,
देखना अब इस सदी में,
हौंसलों पर वार होगा।

पर ख़िलाफ़त की हवा से,
हौंसले झुकते कहाँ हैं,
और मुश्किल रास्तों पर,
धीर पग रुकते कहाँ हैं।

35. रंग

दुनिया ने दिखाया जो,
सभी मैं रंग देखूंगा,
कभी सोचा नहीं था जो,
सभी वो ढंग देखूंगा।

मुझे हैरानियाँ ये हैं,
कि तुम अब भी नहीं बदले,
नज़ारे और कितने मैं,
अभी बदरंग देखूंगा।

36. कीमत

क्या दूरियां इतनी बढ़ी हैं,
बीच में मेरे - तुम्हारे,
क्या नहीं महसूस होते,
हैं तुम्हें आँसू हमारे,

इश्क जो रोया अगर तो,
तुम भी बहुत पछताओगे,
आँख के दो बूँद की,
कीमत चुका न पाओगे।

37. अभी

कोई वादा करूँगा न तुमसे अभी,
टूट जाने का खतरा मेरे मन में है,
मैं चलूँगा मगर साथ तेरे सदा,
इक सवेरा तू ही आज जीवन में है।

बाँह में भी भरूँगा न तुमको अभी,
नफरतों का ये पहरा हर इक क्षण में है,
मैं मिलूँगा मगर पास तेरे खड़ा,
रात का एक साया भी इस दिन में है।

38. इम्तिहान

यूँ थक चुकी हैं आँखें,
न ख्वाब है कोई,
सूरज भी ढल चुका है,
न माहताब है कोई,

उनको सुकून है कि
वो कुछ पूछता नहीं,
अश्कों को अपने रोक कर,
बेताब है कोई।

पतझड़ भी हो गया है,
बारिश नहीं हुई,
सूखे पड़े पत्तों में कहाँ,
फल बीन ले कोई,

अब तो मुझे क़बूल है
रब का ये इम्तिहान,
तू छोड़ दे मुझे या तुझे छीन ले कोई।

39. मुश्किल

याद तुझे करता हूँ जब भी,
सारी यादें खो जाती हैं,
छोटी - छोटी बातें तेरी,
एक कहानी हो जाती हैं।

यूँ तो सरल बहुत है चलना,
यहाँ घृणा की राहों पर,
बात प्रेम की आने भर से,
सारी मुश्किल हो जाती है।

40. ख़ैरियत

बदक़िस्मत मोहब्बत में,
बस इतना कमा पाया हूँ,
तुझे पा भी गया हूँ,
पर पा भी नहीं पाया हूँ।

बोलती हैं तेरी बातें,
मेरी क्या हैसियत है?
बस इतनी ही कहानी है,
हाँ! बाकी सब ख़ैरियत है।

41. दीप

जलाओ दीप तुम ऐसा,
अँधेरा मन का मिट जाये,
भ्रमित जीवन तुम्हारा यह,
प्रकाशित दिव्य हो जाये।

करो संधान बाणों का,
सभी का त्रास हर जाये,
जो पोषित हो रहा मन में,
वो रावण खुद ही मर जाये।

42. माँग

किसी की भावनाओं को
समझ कर रात भर जगना,
कभी नाराज भी होना,
उसी की राह भी तकना,

कभी उसकी तड़प को,
आप ही स्वीकार कर लेना,
अगर ये कर सको तो ही
किसी की माँग तुम भरना।

43. रावण

ये धर्म, सत्य, निष्ठा,
है ताक पर रखी अब,
यूँ अंधकार पथ पर
हर शख्स जा रहा है।

हर बार मारते हैं,
रावण को हम यहाँ पर,
हर बार कोई उसको,
वापस बुला रहा है।

44. अच्छी बात नहीं

देख हमें यूँ नज़र चुराना,
अच्छी बात नही,
राह बीच यूँ छोड़ के जाना,
अच्छी बात नहीं।

मेरा नाम हाथ पर लिखना,
लिख कर उसे मिटा देना,
यूँ बेरहमी से इश्क़ निभाना,
अच्छी बात नहीं।

45. हौले-हौले

हौले-हौले ख़त्म सब कुछ
हो गया, होना ही था,
मैं भी आखिर तेरे जैसा
हो गया, होना ही था।

तू तो अपनी शर्त पर
कायम रही है आज तक,
खुद को मैंने खो दिया
वो तो चलो खोना ही था।

46. फ़लक

भुला कर इश्क़ को आखिर,
तुझे हासिल ही क्या होगा,
अगर हम ही नहीं होंगे,
तो तेरे दिल में क्या होगा।

ज़रा सोचो करोगे क्या,
ये दिल जब टूट जायेगा,
फ़लक तक साथ चलने का,
इरादा छूट जायेगा।

खड़े हो मोड़ पर ऐसे
कि पीछे जा नहीं सकते,
अगर आगे भी बढ़ जाओ,
तो सपना टूट जायेगा।

47. काश!

कुछ तो है जो चाहता हूँ,
थाम साँसें माँगता हूँ,
प्यार उसको भी बहुत है,
बात ये भी जानता हूँ।

पर जानना काफी नहीं है,
काश! वो एहसास हो,
प्रीत के दो पल मिलें बस,
कीमत भले ही साँस हो।

48. तेज़

सूरज को तेज़ दिया,
शीतलता चाँद को,
रंग दिए तितली को,
श्रेष्ठता दी ज्ञान को।

वृक्षों में प्राण दिया,
शीलता महान को,
मानवता ही एकमात्र,
दी थी इंसान को।

49. ख़त

इक उसी की चाह में
नुकसान कितना हो गया,
इस रोशनी की भीड़ में
वो चाँद मेरा खो गया।

पहले मैंने ख़त लिखा
फिर उसे आवाज़ दी,
नहीं लौटा यार वो
था रूठ मुझसे जो गया।

कल रात उस गुलाब से
कुछ गुफ़्तगू ऐसी हुई,
काँटा निकल कर डाल से,
बाहों में मेरी सो गया।

50. आँगन

सिर्फ आँसू बहाने को
ज़हर पीना नहीं कहते,
किसी को भूलने को हम
ज़ख्म सीना नहीं कहते।

मरता है नहीं कोई
किसी के वास्ते जग में,
सिर्फ साँसें ही लेने को
मगर जीना नहीं कहते।

51. धोखेबाज़

तुम्हारी याद में व्याकुल
मेरी हर साँस रोती है,
तेरी आँखों में छुप कर के
मेरी हर रात सोती है,
दस्तूर- ए -मोहब्बत ने मुझे
इतना ही सिखाया है,
नज़रों पे नहीं जाना
ये आँखें धोखेबाज़ होती हैं।

किसी को देखने भर की
जो दिल में आस होती है,
जिसमें डूबने को दिल करे
वो आँखें ख़ास होती हैं,
आँखों और आँसू का
ये रिश्ता तो पुराना है,
नज़रों पे नहीं जाना
ये आँखें धोखेबाज़ होती हैं।

धड़कन में मेरी हरदम
मिलन की प्यास होती है,

महिम तिवारी

झलक पाने को ये तेरी
सदा बेताब होती हैं,
साँसें ये तड़पती हैं
आँखें भी न सोती हैं,
नज़रों पे नहीं जाना
ये आँखें धोखेबाज़ होती हैं।

52. नयन

सदा चाहा तुम्हें देखूँ,
मैं जब भी नैन ये खोलूँ,
सदा माँगा तुम्हीं आओ,
तड़पकर इश्क जब बोलूँ।

तेरी थी आरज़ू हरदम,
यहीं पर हो गयी गलती,
फ़क़त चाहने से ही केवल,
मोहब्बत ये नहीं मिलती।

53. आरंभ

अनादि का आरंभ तू है,
अंत है अनंत का,
निर्जीवों का जीव है तू,
सप्राण की निश्चेतना।

सृष्टि का प्रारंभ तू है,
अंत तू है ज्ञान का,
मोक्ष से भी मुक्ति है तू,
बंध तू ही प्राण का।

54. अधिकार

इस प्रीति के प्यारे बंधन को
हे प्रिय! तुमने क्यूँ तोड़ दिया?
कुछ भूल हमारी तो होगी ही
जो तुमने हमको यूँ छोड़ दिया!

क्या विवश नहीं किया उन बाहों ने,
जिन पर अधिकार हमारा था,
जिन बाहों को मेरी आदत थी,
जिन में बस प्यार हमारा था।

उन बाहों में जब और कोई
आकर हौले से सिमटा होगा,
ज़रा बताओ अपने दिल को
तुमने कैसे समझाया होगा।

55. असर

गीतों से मेरे इश्क सीख,
आशिक बन बैठी है दुनिया,
शब्दों में उसकी छवि देख,
प्रेमी पर ऐंठी है दुनिया।

पर जिसको गीत समर्पित हैं,
उसको कोई भी खबर नहीं,
शब्दों में जिसका रूप छिपा,
उसपर कोई भी असर नहीं।

56. ख़ौफ़

हिन्दू कहे मार दो इनको,
मुसलमान दफनाये,
भरो ख़ौफ़ इनके जीवन में
प्यार न करने पाए।

इतने धर्मों के जमघट में,
एक धर्म ऐसा भी हो,
जात - पात से बाहर आकर,
इश्क़ को जो मिलवाए।

57. हिंदुस्तान

चंदा सी शीतलता पाओ,
सूरज जैसा पाओ ज्ञान,
चरित् बने श्री राम सरीखा,
हनुमत से हो जाओ बलवान,

नभ की विशालता को पाओ,
सूक्ष्म बनों ज्यों तन में प्रान,
फैला दो इस भांति स्वयं को,
बन जाओ तुम हिंदुस्तान।

58. मुक्तक - १

शायद यही है ज़िन्दगी का फ़लसफ़ा,
साथ होने पर बेरुखी,
बिछड़ जाने पर ग़मज़दा।

❦❦❦

मुख़्तसर सी मौत है ये नींद,
और मौत है नींद का मुकम्मल हो जाना।

❦❦❦

कुछ तो व्यथित कर रहा मन को,
कुछ तो चुभा हुआ है मन में,
है उथल-पुथल से भरी ज़िन्दगी,
मिलती नहीं शांति जीवन में।

महिम तिवारी

जज़्बात पढने का हुनर तुम्हें आया नहीं,
और अल्फाज़ लिखने की कला मुझसे सीखी न गयी।

❦❦❦

जैसे - जैसे रिश्ते की उम्र बढती गयी,
बातें, ज़बाबों तक सिमट कर रह गयीं।

❦❦❦

न कोई ज्ञान ऐसा है, न कोई धर्म ऐसा है।
जहाँ चैतन्यता ठहरे, न कोई कर्म ऐसा है।
जिसे पाकर के ये तन-मन मेरा संतृप्त हो जाये,
न कोई योग ऐसा है, न कोई मर्म ऐसा है।

❦❦❦

तुम जन्नतों के नाम पर आतंक कर गये,
न जाने कितनी मांग को बेरंग कर गये,

आवाज़

जन्नत मिली नहीं मिली, हमको नहीं पता,
पर अल्लाह के भी नाम पर तुम तंज कर गये।

सुन लें ये नापाक हरकत के मसीहा,
हम भला यमराज से भी डरते कहाँ हैं।
ये क्या मारेंगे इरादों को हमारे,
जो देश की हैं जान वे मरते कहाँ हैं।

मेरे बोलने से पहले न बोलते,
तो सुनाई देते,
मेरे ही साथ में रहते,
तो तुम भी दिखाई देते।

रोये होंगे आज बिलख-कर,
माता-पिता अकेले में,

महिम तिवारी

मिट्टी भी बने खिलौने,
सस्ते नहीं थे मेले में।

सोचता हूँ ज़माने में,
दिखावा ग़र नहीं होता,
बाकी सबका तो चल जाता,
मगर रिश्तों का क्या होता।

बहुत दिनों से तलाश रहा हूँ मैं,
कुछ मिला नहीं मगर वफ़ा के लिए।
तू न कर तक़ल्लुफ़ ऐ यार मेरे,
मेरा ज़मीर ही बहुत है मुझे सजा के लिए।

सँजो कर के रखो
इन किताबों की दिल में,

आवाज़

कि साथ इनके गुज़रती
ये अंतिम सदी है।

वृक्ष द्वेष का उगा जो मन में,
नफ़रत से वो भरा रहेगा,
भले टूट जाये आँधी में,
जिंदा है तो हरा रहेगा।

थी अंतहीन राहें,
नहीं था मंजिल का भी पता,
पर जिस पल साथ मिला उसका,
रास्ते बनते चले गये।

कुछ एक बारिशें रिश्तों पर भी,
हो जायें तो अच्छा हो,

महिम तिवारी

द्वेष खोट सब बह जाये,
बस वही बचे जो सच्चा हो।

59. मुक्तक -२ (प्रेम)

धडकनें सुरमयी, शाम यारों भरी,
मिल गईं आज राहें बहारों भरी,
यूँ ज़माना तो अपना सनम लग रहा,
रो पड़ा देखकर मांग तारों भरी।

❦❦❦

तस्वीर देख कर वो मुस्कुराने लगी,
प्यार का कोई गीत गुनगुनाने लगी,
देखकर दो कबूतर तड़पते हुए,
अश्क़ स्याही में अपने मिलाने लगी।

❦❦❦

श्याम की बंशी की सुरीली तान जैसी है,
खिलखिलाते हुए बच्चे के प्रथम मुस्कान जैसी है,

महिम तिवारी

अब तक अकेला था बहुत, जब तू मिली मुझको लगा,
इस जिस्म का आधार वो तो प्राण जैसी है।

❦ ❦ ❦

बेदर्द, बेख़बर, मतलबी बन गया,
उसकी दुनिया की मैं इक कमी बन गया,
मोहब्बत जब दिखावा ये लगने लगी,
इश्क़ करके भी मैं अजनबी बन गया।

❦ ❦ ❦

आँखों में लिए आँसू, मुझे घूर रहा था,
मुद्दतों जो शख्स, खुद से दूर रहा था।
बीज नफरतों के आज बोता फिर रहा,
वो जो सदियों तक खुद इश्क में चूर रहा था।

❦ ❦ ❦

यूँ तो भूला हुआ था तुम्हें आज तक,
याद आने की भी ख़ास आशा न थी,
पा के सब कुछ आज जब अकेला हुआ,

तो लगा तुमसे बेहतर, इश्क की कोई भाषा न थी।

वो ख्वाबों में आकर सताने लगा,
आज भूला कोई याद आने लगा,
यूँ तो तय था कि चाहूँगा तुमको नहीं,
पर सोचने भर से ही मुस्कुराने लगा।

इश्क को इस कदर न सताया करो,
दूर जाऊं तो मुझको बुलाया करो,
है ज़रा सी तमन्ना मेरे दिल में भी,
मैं जो रूठूँ मुझे तुम मनाया करो।

यूँ तो ज़रा सी बात पर मैं फूल जाता हूँ,
पर तुझको हँसता देखकर सब भूल जाता हूँ।

बेरुखी से तुम्हारे मैं फ़लक छोड़ जाऊंगा,
आँखों में तेरे मोहब्बत की चमक़ छोड़ जाऊंगा,
वक़्त की पाबंदियों से ढल तो रहा हूँ लेकिन,
मैं सूरज हूँ ढल के भी शफ़क़ छोड़ जाऊंगा।

महिम तिवारी

❦❦❦

है नहीं उम्मीद कोई मेरे किस्से में,
ये इश्क़ तो दिल की इबादत है,
ज़िस्म ही आया है मेरे हिस्से में,
दिल तो किसी और की अमानत है।

❦❦❦

ये साँसे, ये राहें, ये धड़कन, ये शोहरत,
फ़क़त हैं दिखावा, जो मानो न मानो,
ये हँसना, ये गाना, ये लिखना, सुनाना,
हैं आँसू छिपाना, जो मानो न मानो।

❦❦❦

ग़र इश्क की हमसे नादानी नहीं होती,
बाहों में आकर भी शैतानी नहीं होती,
गुज़र तो जाती बड़े ही सुकून से,
पर ज़िन्दगी इस क़दर सुहानी नहीं होती।

आवाज़

काश! मोहब्बत का ये सफ़र
इतना सुहाना नहीं होता,
तो ये हसीं रिश्ता हमारा,
आज़ यूँ पुराना नहीं होता।

वो है नहीं अब साथ में,
ये बात सही है।
हमसफ़र ही बदला है बस,
हमराज़ वही है।

लोगों ने ज़माने में,
क्या-क्या नहीं माँगा खुदा से,
एक मैं हूँ,
जो तुम्हारे नाम के आगे नहीं बढ़ा।

महिम तिवारी

बिन तेरे मुस्कान मेरी खो सी जाती है,
बिन तेरे पहचान मेरी डगमगाती है,
यूँ तेरा होना न होना, एक जैसा है,
पर तुम्हारे साथ, ये ज़िन्दगी भी मुस्कुराती है।

❦❦❦

नाराज़गी किस बात की तुझसे करूँ सनम,
ये ज़िन्दगी तेरी ही थी तेरी ही है सनम,
तू छोड़ दे, तू तोड़ दे, बर्बाद कर मुझे,
बदकिस्मती मेरी ही थी, मेरी ही है सनम।

❦❦❦

न गम की बात है ये,
न चिंता की या मलाल की,
बस गैर लग रहे हो तुम,
है बात न कमाल की।

❦❦❦

रेल की पटरियों सी मेरी दास्ताँ,
साथ चलना भी है और मिलना नहीं।

आवाज़

काश समझे मोहब्बत मेरी भी तड़प,
ज़ख़्म देना नहीं, ज़ख़्म सिलना भी है।

❦❦❦

उम्र भर धूप सी तुम यूँ खिलती रहो,
उम्र भर चाँदनी तुमसे पाता रहूँ,
हर जनम तुम मुझे यूँ ही मिलती रहो,
हर जनम मैं तुम्हें ही मनाता रहूँ।

❦❦❦

जब तू नहीं होती
तो तेरी याद रहती है,
अकेला हो नहीं पाता
तू मेरे साथ रहती है।

❦❦❦

मेरे होते हुए गर जरूरत तुम्हें,
पड़ रही है किसी और की,
तो तुम सुनो,
रोक तो लूँ तुम्हे पर अब नहीं फायदा,
ज़िन्दगी के हसीं ख़्वाब,
जाओ तुम भी बुनो।

कौन कहता है कि हम कभी जुदा भी होंगे,
मुझे पता है, हम कभी मिले ही नहीं।

मानता हूँ कि चाँद बहुत ख़ूबसूरत है
पर अब तुम्हारी बराबरी कर लेगा क्या?

कभी आईने से पूछना खूबसूरती का राज़,
वही दे देगा मेरी वफ़ा का सबूत।

अब तुझे याद आ सकूँ शायद,
अब किसी को याद नहीं हूँ मैं।

आओ फिर लौट चलें वहाँ

आवाज़

हम पहली बार मिले थे जहाँ।

॰॰॰

यूँ तो सूरज आ कर जगाता है रोज़,
पर तू न आये तो सुबह ही नहीं होती।

॰॰॰

हर रोज कोई टूटता है मेरे अंदर,
हर रोज एक ग़ज़ल चली आती है।

॰॰॰

अब लगेंगे उम्र को पंख,
हमें अब तेरे साथ जो रहना है।

॰॰॰

आशिकों को चाँद की दीद मुबारक़,
अल्लाह के बंदों को हो ईद मुबारक।

॰॰॰

गमों से आजकल भरपूर हो रहा हूँ,
तेरे मिज़ाज़ से टूटकर चूर हो रहा हूँ,
अब चुभने न लगूँ बस आँखों में तेरी,
उससे पहले ही तुझसे दूर हो रहा हूँ।

मेरे व्याकुल तप्त हृदय को,
दे तू शीतलता चन्दन की,
मेरे जीवन को महकाकर,
बन जा *"दीप्ति"* मेरे जीवन की।

सौंपता हूँ तुम्हें प्रीति की वर्तनी,
तुम सँवारो इसे या मिटा दो अभी,
होगी मुझको नहीं अब शिकायत कोई,
प्यार बांटो या छोड़ो सुला दो मुझे।

आवाज़

मैंने बदला लेना कभी सीखा ही नहीं,
मेरा दुश्मन मुझे कोई दीखा ही नहीं,
जिसने जो किया उसे तज़ुर्बा बना लिया मैंने,
मुझमें नफ़रत करने का सलीका ही नहीं।

※※※

जैसे - जैसे रिश्ते की उम्र बढ़ती गई,
बातें जबाबों में सिमट कर रह गईं।

※※※

उसने उसकी आँखों से,
सारी दुनिया देखी है,
मैंने उसकी आँखों में,
सारी दुनिया देखी है।

※※※

सुनो! आवाज़ दी है, उसके होठों ने,
उठो फिरसे तुम्हारा काम आया है,
बिना देखे जानते हैं सब उसे घर में,
उससे पहले घर में उसका नाम आया है।

※※※

महिम तिवारी

गर तुझको निकाल सकता
कब का निकाल देता,
चप्पल में चुभा काँटा
किसको नहीं खटकता।

60. उठना होगा

है लक्ष्य समक्ष तुम्हारे अब,
तुम्हें गिरकर फिर उठना होगा।
यह अन्धकार अब चीख रहा,
बन सूर्य तुम्हें उगना होगा।

हो चुकी क्षरित संस्कृति बहुत,
इतिहास नया गढ़ना होगा,
हो भले तनिक ही ज्योति मगर,
बन दीप तुम्हें जलना होगा।

धाराएँ प्रतिकूल भले ही हों,
मंजिल पर लाखों पहरे हों,
जब सभी उजाले हार रहे,
जब शमा के साये गहरे हों,

तब भले एक ही कदम बढ़ो,
पर तुमको उठ चलना होगा।
है लक्ष्य समक्ष तुम्हारे अब,
तुम्हें गिरकर फिर उठना होगा।

हम कृष्ण - राम के वंशज हैं,

महिम तिवारी

है न्याय हमारी परंपरा,
हम उस नचिकेता के उच्चारण,
जो स्वयं काल से नहीं डरा।

तो, यदि स्वयं पाप ही शाशक हो,
जीवन - रक्षक भी घातक हो,
जब मित्र, मित्र का शत्रु बने,
जब सर्जनहार, विनाशक हो।

तब भले सुगंध जरा सी हो,
बन पुष्प तुम्हें खिलना होगा।
है लक्ष्य समक्ष तुम्हारे अब,
तुम्हें गिरकर फिर उठना होगा।

61. प्रणाम

दुनिया प्रणाम करती है,
झुक कर सलाम करती है,
गर "राम" हो किरदार में,
जय-जय तमाम करती है।

निर्भर नहीं तुम हो कहाँ पर,
बस धर्म ही गर हो वहाँ पर,
सभ्यता ये स्वयं झुक कर,
तुम्हारा नाम करती है।

दुनिया प्रणाम करती है,
झुककर सलाम करती है,
गर "राम" हो किरदार में,
जय-जय तमाम करती है।

62. कहीं खो सी गयी है।

कहीं खो सी गयी है!
कहीं खो सी गयी है
तेरी आँखों में छपी हुई मेरी तस्वीर,
मेरी हथेली में लिखी हुई तेरी तकदीर,

आँख बंद करने पर
बाहों में तेरे होने की आहट,
मुझे देख कर
तेरे चेहरे की वो मुस्कराहट।

तेरे आने से
वो मेरी धडकनों का बढ़ जाना,
मेरे सताने से
तेरी भौहों का थोडा सा चढ़ जाना।

भरी महफ़िलों में भी
बस इक तेरी ही कमी,
जरा सी जुदाई में छाई
वो आँखों की नमी।

आवाज़

कहीं खो सी गयी है!

कहीं खो सी गयी हैं
वो मीठी सी बातें,
दिन हुए लंबे
और छोटी सी रातें।

बंद आँखों से बनाये थे
जो सपनों के घर,
कहीं तुझे खो न दूँ
बस इस बात का ही डर।

तेरी मौजूदगी में आने वाली
वो साँसों की ठंडक,
तेरी चाल में गूँजती हुई
बिन पायल की छमक।

शर्म, हया, प्यार, अना,
इज्ज़त, नादानियत,
और तेरी बातों से झलकती
तेरी वो मासूमियत।
कहीं खो सी गयी है।

कहीं खो सी गयी है!

63. बनारस

ये मन बन जाये बनारस सा,
और तू गंगा का घाट बने,
माँ सीता उतरें नज़रों में,
और राम सा ये किरदार बने।

तू घुल जाये मुझमें ऐसे,
जैसे हो परम प्रेम का पल,
मैं डूब जाऊँ तुझमें ऐसे,
जैसे शिवलिंग पर गंगाजल।

64. शठे शाठ्यम समाचरेत्

"कोरोनाकाल में स्वास्थ्य कर्मियों के प्रति हिंसा पर आक्रोश"

जो थूक रहे भगवानों पर,
उनको जाहिल भी क्या बोलें,
ये शब्द बड़ा ही छोटा है,
इससे ये पाप कहाँ तोलें,

शठे शाठ्यम समाचरेत् का
मंत्र हमें अपनाना होगा,
जो हाथ धरेगा ईश्वर पर,
उसको पछताना होगा।

कर्मों का ऐसा दंड मिले,
दुष्कर्म पुनः न हो पाए,
गर कोई ऐसा उद्दंड मिले,
तो राजनीति न हो जाए।

65. मेरा नाम

आँखें तेरी, चेहरा तेरा,
अधर तेरे और रूप सुनहरा,
रेशम जैसे बाल मखमली,
और कड़क भौंहों का पहरा।

ये तो सब के सब झूठे हैं,
जब तू रूठी तो सब रूठे है,

पर चेहरे पे जो तिल है तेरे,
उसने मेरा काम लिखा है,
चेहरे पर ये तिल थोड़ी है,
ये तो मेरा नाम लिखा है,
मेरा हर इक धाम लिखा है।

66. शिव!

"*आदिगुरु शंकराचार्य के प्रसिद्द "निर्वाण-षटकम्" से प्रेरित शिव - गीत।*
"

मैं ही शिव हूँ!

न मैं मन हूँ, न ही बुद्धि,
मैं अहंकार भी नहीं हूँ,
न ही चित्त, न ही अंतर्मन,
मैं इन्द्रिय सार नहीं हूँ।

अन्तरिक्ष विस्तार है मुझमें
मैं आकाश नहीं हूँ,
अग्नि की ज्वाला भी है
पर मैं फिर भी आग नहीं हूँ।
चंचलता वायु सी मुझमें
पर मैं हवा नहीं हूँ,
वसुंधरा का भार है मुझमें
पर मैं धरा नहीं हूँ।
बहती है रसधार देह में

महिम तिवारी

पर खुद को जल न कहूँगा।

मैं ही शिव हूँ,
मैं ही शिव हूँ,
मैं खुद को शिव ही कहूँगा।

आनंदित रहता हूँ हरदम
मैं आनंद नहीं हूँ,
अनुराग करता हूँ सबसे
पर मैं फिर भी राग नहीं हूँ,
पंच-कोश का अन्न है मुझमें
पर मैं अन्न नहीं हूँ,
मनो प्राण विज्ञान नहीं
मैं परमानंद नहीं हूँ।
न सप्त-धातु, न पंच-कोश,
न पंच-प्राण ही कहूँगा,

मैं ही शिव हूँ,
मैं ही शिव हूँ,
मैं खुद को शिव ही कहूँगा।

रहे उपेक्षित पापी मन में
पर मुझमें द्वेष नहीं है,
धर्म अर्थ या काम मोक्ष
ये कुछ भी शेष नहीं है।
माता-पिता नहीं हैं कोई,
भाई नहीं सखा न कोई,

आवाज़

न गुरु मिले, न शिष्य बनाया,
जन्म नहीं है मैंने पाया।

मैं पुण्य नहीं हूँ
पाप नहीं हूँ,
द्वेष लिप्त संताप नहीं हूँ।
मन्त्र नहीं हूँ,
तीर्थ नहीं हूँ,
वेद यज्ञ त्रय-ताप नहीं हूँ।

न सप्त-धातु, न पंच-कोश,
न पंच-प्राण ही कहूँगा,

मैं ही शिव हूँ,
मैं ही शिव हूँ,
मैं खुद को शिव ही कहूँगा।

67. धन्यवाद

है धन्यवाद उन आँखों का
जिसने लिखने को विवश किया,
देकर प्रकाश निज अंतस का,
भर प्रेम हृदय में दिवस किया।

जिसने शब्दों को अर्थ दिए,
अर्थों में जिसने भाव भरे,
उन भावों में जिसने अपने,
जीवन के सब श्रृंगार भरे।

जिसने सावन को नृत्य दिया,
जिसने बारिश में भरे गीत,
जिसने मन के इस आँगन में,
भर दिए मधुर अनुपम संगीत।

जिसने चिड़ियों को भाषा दी,
बिखरे इस मन में आशा दी,
छल द्वेष प्रपंची दुनिया में,
सच्ची चाहत की परिभाषा दी।

धन्यवाद!

www.ingramcontent.com/pod-product-compliance
Lightning Source LLC
LaVergne TN
LVHW092053060526
838201LV00047B/1365
9781648690846